CERTO DIA, A JOVEM RECEBEU A VISITA DO ANJO GABRIEL, QUE FOI ENVIADO PELO SENHOR PARA DAR UMA NOTÍCIA A ELA: MARIA FICARIA GRÁVIDA DE UM MENINO, JESUS, O FILHO DE DEUS.

MARIA PERGUNTOU AO ANJO COMO ISSO SERIA POSSÍVEL, JÁ QUE ELA ERA COMPROMETIDA, MAS AINDA NÃO HAVIA SE CASADO. O ANJO LHE DISSE QUE O ESPÍRITO SANTO DESCERIA SOBRE ELA, E ESSE MILAGRE ACONTECERIA.

A JOVEM FICOU SURPRESA, MAS, CONFIANTE, ACEITOU COM ALEGRIA A MISSÃO, POIS SABIA QUE TUDO O QUE VINHA DE DEUS ERA BOM. O ANJO GABRIEL FOI EMBORA APÓS A CONVERSA COM MARIA.

O CASAL TEVE DE VIAJAR ATÉ BELÉM, POIS O IMPERADOR DAQUELA ÉPOCA DECRETOU QUE TODOS DEVERIAM IR À CIDADE ONDE NASCERAM, PARA A CONTAGEM DA POPULAÇÃO.

POR CAUSA DISSO, TODAS AS HOSPEDARIAS DA CIDADE ESTAVAM CHEIAS, E O CASAL NÃO TINHA ONDE PASSAR A NOITE. OFERECERAM A ELES UMA ESTREBARIA, ONDE OS DOIS SE ACOMODARAM JUNTO AOS ANIMAIS. ALI, MARIA DEU À LUZ JESUS.

MARIA ENVOLVEU JESUS EM PANOS E O COLOCOU NA MANJEDOURA. PERTO DALI, ALGUNS PASTORES FORAM AVISADOS POR UM ANJO QUE O FILHO DE DEUS HAVIA NASCIDO. OS HOMENS FORAM ATÉ LÁ, COM GRANDE ALEGRIA, PARA CONHECER JESUS.